AF299739

RAPPORT

DU COMTE DE BEAUFORT

Secrétaire général de la SOCIÉTÉ DE SECOURS

SUR SON ADMINISTRATION DU 14 AVRIL AU 31 MAI 1871

PARIS

IMPRIMERIE ADMINISTRATIVE ET DES CHEMINS DE FER DE PAUL DUPONT

41, RUE JEAN-JACQUES-ROUSSEAU (HÔTEL DES FERMES).

1871

RAPPORT

DU Cte DE BEAUFORT

Secrétaire général de la SOCIÉTÉ DE SECOURS

SUR SON ADMINISTRATION DU 14 AVRIL AU 31 MAI 1871

A MESSIEURS LES MEMBRES DU CONSEIL

Messieurs,

Le 14 avril 1871, jour où la saisie de la Société fut opérée par décret de M. Cluseret, le Conseil, présidé par M. le comte de Flavigny, tint deux séances dont les procès-verbaux contiennent les passages suivants :

« M. le Président annonce que M. Cluseret, délégué à la guerre, a pris la résolution de dissoudre la Société.

. . . .

« M. le docteur Mundy pense que, dans ces circonstances, le Conseil n'a plus la liberté nécessaire au maintien de ses délibérations, qu'il doit se séparer, et le rôle de la présidence cesser avec lui : cette observation s'étend au vice-président de la Société, M. le comte Sérurier.

« M. le docteur Mundy pense également que, pour diriger le personnel administratif, veiller sur le matériel et les magasins,

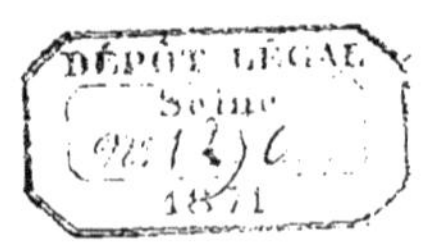

défendre le bien des blessés et maintenir, s'il est possible, l'organisation de la Société jusqu'à la fin de la crise, il importe au Conseil de remettre la somme de ses pouvoirs dans les mains de son secrétaire général, M. le comte de Beaufort, qui considère que sa position dans la Société l'oblige à rester à son poste.

« Le Conseil se rallie aux considérations présentées par M. le docteur Mundy.

« M. le Président demande à M. le comte de Beaufort d'accepter la dictature temporaire dont le Conseil l'investit.

« M. de Beaufort défère à ce désir.

« Au nom du Conseil, M. le Président remercie M. le comte de Beaufort d'accepter une situation dont chacun de ses collègues reconnaît les difficultés et les périls. »

. . . .

─────────────────

. . . .

« Le Conseil reconnaît à M. le comte de Beaufort une autorité entière, s'étendant jusqu'à la révocation des employés. Il confirme toutes les décisions qu'il a prises dans la séance précédente et ajourne à un temps indéterminé la reprise de ses délibérations. »

───────

Le Conseil avait suivi depuis le 18 mars une ligne de conduite que je devais prendre pour règle ; de plus, dans la séance du 13 avril, il avait préconisé la Société de secours Espagnole qui a fonctionné pendant la guerre civile. Je n'avais donc pas de principe à établir ; tous mes efforts devaient avoir pour but de continuer le fonctionnement de l'Œuvre dans les conditions où elle avait été remise entre mes mains.

Je me suis immédiatement rendu compte de l'état de la Société au moment où j'en prenais la direction et des changements qu'il serait utile d'y introduire. Je fais toutefois mes réserves relativement au service de M. le docteur Chenu. Les graves circonstances que lui et moi nous avons traversées, sans différer jamais sur la conduite à suivre, ont établi entre nous une communauté d'affectueux souvenirs qui, j'en suis sûr, ne s'effaceront jamais. J'aime à rappeler ici que la Commune lui demandant l'expulsion des blessés de l'armée, il déclara que plutôt que de souscrire à un tel sacrilége, il quitterait l'ambulance avec tout le personnel médical. Je ne saurais trop répéter que dans ces jours néfastes notre ambulance inspira le respect général, par l'exercice de la charité dont nos dames infirmières et notre digne aumônier donnaient aussi l'admirable exemple.

Je dois rendre le même témoignage à M. le docteur Hottot, qui a dirigé avec tant de science et de courage notre ambulance du Corps législatif.

Quant à moi, la mission dont vous m'avez honoré me paraît entraîner une responsabilité telle que je vous dois un compte minutieux de tous mes actes : une faute pouvait compromettre la dignité de l'Œuvre aux yeux de toutes les Sociétés, sœurs de la nôtre. J'ai donc l'honneur de vous soumettre un livre-journal dont les articles quotidiens vous donneront la connaissance intime de toute ma gestion pendant les six semaines et cinq jours qu'a duré ma dictature.

J'ai négligé pourtant d'y noter les détails d'administration ordinaire qui, du matin 8 heures à 7 heures du soir, remplissaient chaque jour le temps que me laissaient de plus graves soucis. C'est ainsi que, pour citer un de ces menus offices, je n'ai jamais cessé de délivrer sur nos magasins des bons de vin, de linge, d'aliments aux ambulances privées que les horreurs de la guerre civile n'avaient pas découragées, à nos couvents surtout, dont les admirables sœurs vinrent maintes fois, sous des vêtements de circonstance, solliciter les dons de la Société.

Heureux de me conformer à la pensée humanitaire du Conseil, je n'ai renvoyé aucun employé de l'administration, la terrible crise que nous traversions autorisant des sacrifices d'argent qui auraient pu être considérés comme abusifs dans des circonstances normales ; mais j'ai cherché à utiliser toutes les ressources, toutes les aptitudes, pour que les dépenses tournassent le plus possible au profit de l'Œuvre. Je crois pouvoir affirmer, à l'honneur des employés, que dans aucun temps il n'a été fait, proportionnellement, autant de travail. Les registres des procès-verbaux sont recopiés en grande partie. La liquidation de la Société est préparée par le dépouillement du grand-livre. Tous les inventaires sont dressés. Le mouvement des ambulances volantes est indiqué par des tableaux quotidiens depuis le 10 mai. L'état des écuries est également relevé chaque jour par états depuis le 1er mai. Les opérations de caisse sont aussi constatées, jour par jour, par catégories de dépenses ; elles sont, de plus, groupées par quinzaine et pour tout le temps de ma gestion, de manière à établir la justification complète de toutes mes signatures au point de vue financier. L'Annuaire de la Société est terminé. La grande étude relative à la publication des procès-verbaux est commencée, elle devra être contrôlée par une commission. Le nombre des fiches du bureau de renseignements s'est accru d'une douzaine de mille. Ces résultats prouvent que je n'ai pas compté en vain sur le zèle des employés et sur l'intelligence dévouée de ceux que j'ai chargés de travaux difficiles.

Ma situation vis-à-vis du docteur Rousselle, délégué de la Commune, ressort tout naturellement des indications du livre-journal. Je n'ai pas à vous en parler ici ; je dirai seulement qu'il s'est soumis à ma condition de n'admettre aucune direction, quelque disposé que je fusse à accepter tout contrôle.

Le docteur Rousselle n'a donc rempli d'autre rôle que de représenter le délégué à la guerre auprès de la Société, et de réorganiser le service des ambulances volantes, dont il a pris la direction. Lorsque, plus tard, il voulut exploiter, dans des proportions scandaleuses, la liberté que je lui avais concédée de se nourrir aux frais de l'ambulance, quand il fit arrêter un de nos employés et qu'il essaya de trancher du maître, je l'informai que je lui interdisais de prendre aucun aliment à l'ambulance, que j'allais licencier tout le personnel, et que j'attendais patiemment les effets de son dépit. Le lendemain 4 mai, le délégué était révoqué, et se vengeait par la publication d'un pamphlet où l'insulte était jetée à « *la bande Flavigny, Chenu et de Beaufort.* »

Si je n'ai pas alors dissous la Société à Paris, c'est que le docteur Semmerie me fit savoir, dès le lendemain, qu'elle pouvait se regarder comme entièrement libre; c'est que la Commune n'avait plus auprès de nous qu'une ombre de représentant, dont l'unique office fut, jusqu'à la paix, de transmettre les demandes de la guerre au docteur Chenu.

Enfin, c'est sous la Commune même que je fis effacer de nos voitures les mots *République universelle* — *Commune de Paris,* et que j'y rétablis notre inscription et la croix rouge.

Le 14 avril, vous m'avez chargé de sauvegarder, autant et aussi longtemps que possible, les intérêts et la dignité de l'Œuvre : tout a été sauvé.

LIVRE-JOURNAL

Samedi, 15 avril.

PREMIÈRE ENTREVUE AVEC LE DOCTEUR ROUSSELLE

Je me rends vers deux heures chez le docteur Rousselle.

« — Je viens savoir quelles sont les conditions faites à la Société.

« — C'est pour nous entendre sur ce sujet que je vous ai fait venir.

« — Je vous déclare d'abord que j'admets un contrôle, mais que je n'accepte aucune direction, sous peine de licencier tout le personnel.

« — Le ministre m'a nommé directeur de la Société : c'est le rôle que je dois jouer auprès de lui ; mais je veux bien ne pas m'immiscer dans votre service. La Société a un matériel admirable. Je m'en servirai et je le conserverai intact ; si nous n'arrivons pas à un arrangement, tout se détraquera, et ce qui a été l'objet de tant de travaux, de tant de dépenses sera perdu. Faites tout comme par le passé. »

Pensant qu'un jour où l'autre les bureaux seront visités, et que cette inspection révèlera dans le nombre du personnel une exagération d'autant plus critiquable qu'elle aurait été cachée, j'explique que la Société garde par humanité quelques employés, qu'elle pourrait renvoyer, mais que la gravité des circonstances mettrait dans un grand embarras, s'ils étaient licenciés.

« — Vous êtes le maître.

« — C'est bien. Venons maintenant au service médical. Quelle sera la position du docteur Chenu ?

« — Il y a un grand antagonisme entre lui et moi. Ainsi, ce matin, j'ai demandé pour déjeuner une chose qui m'a été refusée nettement.

« — C'est l'application rigoureuse d'un principe : tout ce que nous avons appartient aux blessés. Si cependant nous arrivons à nous entendre, le principe pourra être respecté dans les limites d'une rigueur moins absolue. Pour traiter le fond de la question, il doit être établi que le docteur Chenu sera le directeur, et le directeur unique de l'ambulance.

« — A mon avis, le docteur Chenu devrait s'absenter pendant quelque temps ; qu'il nomme son remplaçant, je l'accepte d'avance.

« — Si le docteur Chenu consentait à rester, le reconnaîtriez-vous comme seul directeur ?

« — Parfaitement.

« — Dans ces conditions-là, je vais en conférer avec le docteur.

« — Veuillez me faire savoir ce qui aura été décidé. »

Le Délégué avait donné l'ordre d'enlever les drapeaux de l'ambulance.

Je lui demandai ce qui avait pu lui inspirer l'idée d'une mesure aussi inacceptable.

« — La raison d'humanité. Une personne m'a fait observer que le signe de la Société pouvait compromettre la sûreté des hommes : on tirerait sur eux.

« — Quelle erreur ! C'est un signe respecté dans toute l'Europe, et il ne le serait pas à Paris !

« — Alors les drapeaux seront maintenus. »

Je me rends aux baraques ; je rencontre sur mon chemin une sœur, qui me demande si je reste à la tête de la Société.

Sur ma réponse affirmative, elle dit :

« — Eh bien, nous resterons. »

Je raconte à M. Chenu mon entretien avec le délégué. Le docteur me demande si j'ai pris une décision.

« — Je reste, et je vous conseille d'en faire autant.

« — Si j'allais le voir ?

« — Nous irons ensemble. »

Le Délégué répéta au docteur ce qu'il m'avait dit, et renouvela la promesse qu'il m'avait faite de lui envoyer des laisser-passer signés en blanc, pour qu'il pût disposer des voitures d'ambulance ; car elles ne devaient sortir que sur un ordre du Délégué.

Dans ces conditions, le docteur consentit à garder la direction de l'ambulance.

Quand je fus sorti, un infirmier accourut me dire que le Délégué désirait encore me parler. Je remontai et le trouvai assis au milieu d'une dizaine de personnes. Il était occupé à écrire. Comme il ne me voyait pas, je lui frappai sur l'épaule. En m'apercevant, il se leva aussitôt, me faisant des excuses de ne m'avoir pas vu. Ce mouvement de l'homme pris à l'improviste me fit espérer que le fond valait mieux que la forme, et que je pourrais peut-être surmonter les difficultés de la situation.

Il me dit qu'il désirait me voir dans la journée avec tout le personnel, et me demanda quelle serait mon heure. Je fixai 5 heures ; plus tard il me fit dire, par son secrétaire, de ne pas me déranger : « Je connaissais mon personnel : cela suffisait. »

Dimanche 16 avril.

Je me rends à 9 heures du matin chez le docteur Chenu ; il m'apprend que l'ordre est donné de congédier les sœurs.

Cette mesure était trop conforme au programme de la Commune pour qu'il fût possible de s'y opposer, sans provoquer la ruine des intérêts qui m'étaient confiés.

Du reste, au point de vue des soins, la présence des dames infirmières et la liberté laissée au docteur Chenu de choisir les infirmières payées laissaient l'ambulance dans les conditions mêmes où avaient été placées, pendant la guerre franco-allemande, les ambulances du Palais de l'Industrie et du Grand-Hôtel.

Je vais tout de suite trouver la sœur, lui disant que je restais, mais qu'elle ferait mieux de partir avec ses sœurs, et de se hâter le plus possible. Je voulais devancer la nouvelle du renvoi, et leur éviter ainsi une impression pénible. Quant à l'abbé, il était autorisé à rester, pour se rendre dans les salles lorsqu'il y serait appelé par les malades.

DEUXIÈME ET DERNIÈRE ENTREVUE AVEC LE DOCTEUR ROUSSELLE

A deux heures, je vois le Délégué. Il avait requis des aliments pour vingt-quatre hommes d'un bataillon. Dès le matin, j'avais donné l'ordre d'opposer à cette prétention un refus formel.

Je fais observer au Délégué que les magasins renferment un dépôt sacré, composé des dons de tous les pays, et réservé aux blessés, aux blessés seuls. Toute part prélevée sur ce bien serait une violation à laquelle je ne pouvais consentir.

« —Alors, dit-il, j'aurai recours à l'Intendance ; le bataillon de service au palais de l'Industrie sera nourri par la guerre. Mais, pour moi et mon entourage, je ne puis pas avoir une cuisine spéciale. La Société devrait bien y pourvoir.

« — Combien êtes-vous ?

« — Dix ou douze.

« — C'est trop. A trois personnes, quatre au plus, on pourrait faire cette concession.

« — Eh bien, passé ce nombre, je vous enverrai la liste : vous l'accepterez ou la refuserez.

« — Ne l'envoyez pas : elle est refusée d'avance.

« — N'en parlons plus. Pour dire un mot du personnel, quand je nommerai des employés, qui les payera ?

« — D'abord, vous n'en nommerez pas ; ensuite, vous ne payerez personne : je ne puis accepter qu'il y ait ici un employé rétribué en dehors de l'administration. Ce serait une prise de possession.

« — Cependant, comme directeur choisi par le ministre de la guerre, je dois nommer aux emplois.

« — Je n'accepte pas cela. S'il en était ainsi, je licencierais immédiatement tout le personnel.

« — Eh bien, quand je voudrai nommer quelqu'un, je vous l'enverrai. A vous de le rejeter ou de l'admettre. »

Il me demanda ensuite de nommer quelqu'un qui me représentât auprès de lui.

« — Pourquoi?

« — Parce que je ne puis pas prendre la liberté de vous prier de venir, quand votre présence sera nécessaire.

« — Qu'à cela ne tienne; la rue de Courcelles n'est pas loin, et je serai toujours prêt à me rendre au Palais de l'Industrie quand il y aura une difficulté à résoudre. »

Quelqu'un était entré pendant le colloque. Il dit à l'infirmier : « Une fois pour toutes, ne laissez entrer personne quand M. le comte de Beaufort est ici. » Cette phraséologie me parut de bon augure.

Le Délégué termina en me disant qu'il avait été forcé de supprimer le service des sœurs, et de les remplacer par des infirmières, qui, d'ailleurs, seraient choisies par le docteur Chenu.

Lundi 17 avril.

Le docteur Rousselle m'adresse deux infirmières avec cette

apostille : « Prière à M. de Beaufort d'utiliser, s'il est possible, les services de ces deux infirmières. »

Je les adresse au docteur Chenu.

Le docteur Rousselle m'envoie un jeune médecin, porteur d'une carte sur laquelle était écrit : « Recommandé. »

Je me propose d'en référer au directeur de nos ambulances. Dans l'intervalle, ayant appris que ce jeune médecin avait été renvoyé du Grand-Hôtel, le Délégué dit qu'il ne voulait pas se servir d'une personne dont la Société avait eu à se plaindre.

Je prie M. d'Albignac de me fournir chaque jour l'état des opérations de caisse faites la veille, et de présenter le soir à ma signature toutes les pièces de la journée.

* * *

Mardi 18 avril.

Je charge M. Gaussen de diriger le service des écuries ; il aura sous ses ordres M. Rousseau, piqueur, et M. Pifre, comptable.

Je visite la lingerie et décide qu'un inventaire sera fait. Je charge M. Casburn de s'occuper de ce travail, et d'y employer les garçons de bureau et les frotteurs à qui leur emploi laisse du loisir.

Je demande à M. Dubarreau un état complet de tous les services, dont les chefs devront m'adresser le détail.

Le Délégué a accordé aux cochers une augmentation de solde. Je fais faire une enquête à ce sujet. M. Verdière m'explique que sept cochers avaient un salaire inférieur à celui des autres, et que tous ont été mis au taux de 4 fr. 50 c. (ce qui augmente de un franc la paye journalière). Cette mesure aurait été provoquée par le piqueur R........ Le Délégué aurait cru ainsi que j'autorisais l'unification des traitements. Je considère que les cochers ont un service beaucoup plus pénible que par le passé et j'autorise cet arrangement.

***

Mercredi 19 avril

Je suis informé par M. Courtade, comptable, qu'un inventaire des magasins de l'ambulance du Corps législatif a été demandé par le docteur Rousselle, et que les sœurs doivent y être remplacées par des infirmières, laissées, du reste, au choix de M. le docteur Hottot, médecin de l'ambulance.

J'apprends par M. Verdière que le magasin général doit aussi être inventorié.

Je me préoccupe de cette double mesure, quoique, au dire de M. Rousselle, elle n'ait d'autre objet que de mettre à couvert sa responsabilité.

Je charge M. Verdière de faire acheter une certaine quantité de vêtements d'occasion ; ils seront donnés aux convalescents dépourvus de vêtements.

Le piqueur m'informe qu'un omnibus de la Société a été conduit à la place Vendôme : voiture et chevaux ont été retenus pour le service d'un général. Le cocher a été renvoyé à pied au palais de l'Industrie.

J'arrête avec M. Pifre les bases de la comptabilité des écuries par chapitres de : personnel, chevaux, matériel roulant, fourrages, etc., etc.

Le drapeau rouge flotte sur la Chambre des députés ; le drapeau de la Société n'a pas été enlevé, il est maintenu aussi à la grille d'entrée.

Jeudi 20 avril.

J'élève les appointements de M. Féraud, commandant des infirmiers, de 200 francs par mois à 250 francs. Je porte le salaire des infirmiers

Majors, de 4 francs à 5 fr. 50 c.
Caporaux, de 3 fr. 33 c. à 5 francs.
Infirmiers et cochers, de 3 francs à 4 fr. 50 c.

Vendredi 21 avril.

Je restitue à M. Féraud les attributions de son emploi, au point de vue du payement des infirmiers.

Des obus sont tombés à droite et à gauche de l'hôtel, à une trentaine de mètres de distance : le feu approchant, je crois devoir m'occuper des moyens d'opérer, pour un moment donné, le déplacement des bureaux.

Un employé de M. Chaix vient me demander si la Société l'autorise à imprimer des affiches pour le docteur Rousselle. Je refuse toute autorisation de ce genre : la maison Chaix n'imprimera rien pour lui.

J'envoie aux baraques deux militaires convalescents, dont l'un m'avait été recommandé par les sœurs de Saint-Charles, de la rue Lafayette. Les sœurs ferment l'ambulance et quittent leur

couvent, dont la Commune a déclaré le matin prendre possession.

Samedi 22 avril.

J'installe par mesure de sûreté le service des renseignements,
celui de la comptabilité et celui des départements au palais de
l'Industrie, à l'entrée des magasins. Le déménagement a consisté
dans le transport de quelques tables et de quelques chaises.

Le service de la Caisse sera transféré rue Roquépine, 18,
et celui de la lingerie à l'ambulance, dans la baraque où cou-
chaient les sœurs.

Un infirmier des ambulances volantes a demandé que les
majors et les caporaux fussent nommés à l'élection ; — de là, un
germe d'émeute.

Le Délégué était disposé à adopter la réforme, quand M. Verdière lui fit observer que ce parti me ferait licencier les infirmiers.
L'idée fut aussitôt abandonnée.

Dimanche 23 avril.

Les infirmiers de l'ambulance, se fondant sur une similitude
de titre, demandent une paye égale à celle des infirmiers des
ambulances volantes. Je refuse absolument.

Je dis à M. Féraud de donner à l'avenir aux infirmiers des
ambulances volantes le titre de *brancardiers :* ce titre caractérise

leur emploi, et évite toute confusion entre eux et les infirmiers des ambulances.

Mme Dehorter m'a fait l'honneur de me demander si je considérais comme utile la présence de dames infirmières. J'ai répondu que leur présence était non-seulement utile, mais indispensable pour l'honneur de la Société.

Lundi 24 avril.

Mme la vicomtesse de Sédaiges a bien voulu se présenter à mon cabinet pour me poser la question que m'avait adressée la veille Mme Dehorter. Je lui fais la même réponse.

Le Délégué me prie d'accorder quelques aliments supplémentaires aux médecins qu'il a placés dans les ambulances des forts. Je refuse, ne devant rien donner aux médecins qui sont en dehors des ambulances volantes.

Mardi 25 avril.

J'adresse la lettre suivante à Mmes Carré de Chauffour, de Sédaiges et Dehorter, en réponse à la question qu'elles m'avaient posée.

« Madame,

« Vous m'avez fait l'honneur de me demander si vous devez continuer à être dame infirmière. Rester à votre poste, c'est prouver que votre charité domine l'amour-propre, et méprise le danger, s'inspirant de l'exemple divin. Permettez-moi d'ajouter que votre présence ici honore celui qui s'estime heureux de représenter, dans ces temps difficiles, le conseil absent.

« Veuillez agréer, madame, les respectueux hommages de votre dévoué serviteur.

« *Le Secrétaire général,*

« Cte DE BEAUFORT. »

D'accord avec M. Chenu, je demande à M. Boulay la liste des tables servies à l'ambulance et le nom des personnes qui y prennent place.

Toutes les voitures de la Société ont été envoyées à Neuilly par le docteur Rousselle, pour en ramener les habitants qui y étaient emprisonnés depuis le bombardement.

Les *Jeunes Incurables*, se rendant chez les sœurs de Reuilly, ont fait une halte à l'ambulance. Le docteur Chenu leur a offert des lits de repos sous des tentes disposées pour les cas imprévus, et leur a fait servir une collation.

Je reçois de M. Casburn l'état de la lingerie pour charpie, bandes, etc.

Mercredi 26 avril.

J'écris à M. le président, le priant de m'ouvrir un nouveau crédit.

La comptabilité me remet un état de situation présumée au 15 avril.

M. Fontaines, directeur des domaines sous la Commune, offre le linge des Tuileries à M. le docteur Rousselle, qui l'offre à son tour à la Société. J'accepte, disant à M. Verdière que je considère ce don de la Commune comme un simple dépôt.

Je reçois de M. Dubarreau le tableau du personnel de tous les services, du 1ᵉʳ au 30 avril.

Jeudi 27 avril.

10 heures du matin. — Je demande à M. Courtade un rapport sur l'ambulance du Corps législatif, dont l'assimilation à l'ambulance du Cours-la-Reine a été admise par le Délégué.

Les sœurs y ont été remplacées par des infirmières.

A deux heures, M. Courtade m'écrit que le docteur Rousselle lui enjoint de rendre ses comptes et de donner sa démission. Il attribue cette mesure à l'ordre que je lui ai donné de ne pas livrer au Délégué l'inventaire de l'ambulance du Corps législatif. Je charge M. Verdière de voir M. Rousselle, de lui exprimer mon étonnement d'un acte qui, s'il s'exécutait, m'obligerait à licencier le personnel de l'ambulance du Corps législatif.

De son côté, M. le docteur Hottot se rend immédiatement chez M. le docteur Chenu, puis chez M. Rousselle ; il lui signifie qu'il abandonnera l'ambulance, si M. Courtade n'est pas maintenu. Le Délégué propose d'adjoindre un employé à M. Courtade. M. le docteur Hottot rejette ce moyen terme, s'appuyant sur une convention passée entre M. Rousselle et moi, d'après laquelle les Directeurs des ambulances avaient seuls le droit de nommer leur personnel.

Le soir M. Verdière obtient de M. Rousselle un ordre qui maintient M. Courtade, et l'incident se réduit au renvoi dans un hôpital de deux convalescents qui, par des discussions politiques, avaient porté le trouble dans l'ambulance.

Je demande à M. Lépinoy, employé à la lingerie, la liste des lingères; j'alloue une gratification de 1 franc par jour à celles qui reçoivent 2 francs — et 0 fr. 50 centimes aux enfants qui ne sont payés que 1 franc. Leurs salaires me paraissent trop infimes pour ces temps difficiles.

Vendredi 28 avril.

Après avoir reçu les tableaux que j'avais demandés à M. Boulay et qu'a remaniés M. Landeau, je donne l'ordre à l'économe de ne plus nourrir le personnel administratif de l'ambulance du Cours-la-Reine. Cette mesure ne comprend ni les plantons, ni les personnes que M. Chenu désignerait spécialement. Les exceptions, s'il s'en trouve, devront m'être signalées nominativement.

M. D...... a quitté la direction de l'ambulance du Corps législatif; je la confie à M. le docteur Hottot.

M. Mathieu a reçu de M. Rousselle un *bon* pour une douzaine de trousses. Je refuse de valider cette commande.

Samedi 29 avril.

Je signe un chèque de 10,000 francs, reliquat de mon crédit, réservé pour solder la quinzaine des employés. Afin de suffire à cette dépense, j'ai refusé le payement des mémoires présentés dans le courant de la semaine.

Dimanche 30 avril.

Je refuse d'appointer cinq estafettes nommées par M. Rousselle.

Je refuse également de faire payer M. le docteur Manchon,
nommé aux ambulances volantes par M. Rousselle.

M. Verdière a vu trois membres de la Commune et leur a
signalé certains abus que le Délégué commet au palais de l'Industrie. Ils lui ont promis de les faire réformer.

Lundi 1ᵉʳ mai.

M. Pifre me fournit un état des écuries avec détails sur le
personnel, les chevaux, les harnais et les voitures. Un état sem-
blable me sera remis chaque jour. Ce travail complète celui qu'il
m'a déjà donné sous forme de registre, et qui constitue la comptabilité du service de l'écurie.

Mardi 2 mai.

Deux personnes viennent, de la part du docteur Rousselle,
traiter de nouveau la question relative aux estafettes. Je renouvelle mon refus. Quant aux bons de magasins, sur la délivrance
desquels ils me demandent une explication, je réponds que, sui-
vant mes conventions avec le docteur Rousselle, tous les bons

doivent être signés par moi ; j'excepte les cas urgents où M. Verdière peut de sa propre autorité faire les livraisons nécessaires.

A six heures du soir, M. Rousselle fait arrêter M. Wappers, qui a refusé de lui livrer quatre bouteilles de vin, sans l'autorisation de son chef M. Verdière. L'employé n'est remis en liberté qu'à neuf heures du soir.

Mercredi 3 mai.

Dès le matin, M. Rousselle me fait dire par son secrétaire qu'il regrette l'aventure de la veille. Je réponds que les faits n'admettent pas de commentaires; M. Rousselle a manqué aux engagements contractés envers moi. Je vais donc licencier la Société et rédiger ma protestation. Si ma décision offense M. Rousselle, libre à lui de faire de l'arbitraire jusqu'au bout: je serai toute la journée rue de Courcelles.

Deux heures après, je fais signifier au docteur Rousselle qu'il n'ait pas à envoyer chercher aux baraques son dîner ni celui de son entourage; toute nourriture lui serait refusée.

M. le docteur Hottot me demande des fonds pour l'ambulance du Corps législatif, dont les employés n'ont pas été payés depuis un mois. L'état de la caisse ne me permet de lui donner que 800 francs.

Jeudi 4 mai.

J'apprends par M. Verdière que M. Rousselle est révoqué, et je suspends l'acte de licenciement.

Je reçois la visite du docteur Semmerie, directeur général des ambulances.

ENTRETIEN AVEC LE DOCTEUR SEMMERIE

« — Je viens vous exprimer tout le regret que j'ai éprouvé

quand j'ai appris que vous aviez décidé le licenciement de la Société.

« — Cette décision n'est point irrévocable, puisque M. Rousselle n'est plus auprès de nous le délégué de la Commune, et que vous êtes nommé directeur général des ambulances. Tout ce que l'on m'a dit de vous me fait espérer que vous ferez à la dignité de la Société certaines concessions nécessaires à son maintien.

« — Si ces concessions n'excèdent pas mon pouvoir, elles sont accordées d'avance.

« — Le contrôle sera purement nominal.

« — C'est entendu.

« — J'effacerai les mots : *République universelle, Commune,* peints sur nos voitures, et j'y rétablirai le titre de la Société.

« — C'est une autorisation que je ne puis vous donner. Il faudrait que cela fût fait avant mon entrée en fonctions.

« — Il faut enfin que la Société fonctionne comme avant la prise de possession par la Commune ; que je reste, ainsi que je l'ai été jusqu'ici, maître absolu du personnel et des magasins ; que le docteur Chenu soit toujours l'unique directeur du service médical, et que les ambulances volantes rentrent sous son administration.

« — J'accepte. Considérez mon intervention plutôt comme une sauvegarde que comme une entrave.

« — Dans ces conditions, je maintiens la Société. »

Vendredi 5 mai.

M. Laurent me remet une lettre du président, qui me laisse juge du meilleur parti à suivre et m'ouvre un crédit indéterminé.

M. Landeau remplace M. Rousselle. Il est nommé administrateur et me mande que sa mission est toute de contrôle.

Je mets le service du matériel roulant sous la surveillance de M. Verdière, dont le titre devient : Directeur du magasin général et conservateur du matériel roulant.

J'écris au président la lettre suivante :

« Monsieur le Président.

« Je suis très-touché de votre confiance en mon sentiment d'honneur. Si je suis resté à mon poste, c'est que j'avais la conviction intime que la seule ligne à suivre était celle du dévouement absolu.

« La dignité de la Société a été plus sauvegardée que vous ne semblez le croire. Vous pensez que j'ai été en relation constante avec le délégué, le docteur Rousselle ; je ne l'ai vu que le 15 et le 16 avril pour établir nos conventions, qu'il n'a violées qu'en dernier lieu. Je ne lui ai jamais écrit ; toutes les questions de détail ont été traitées par M. Verdière, dont je ne saurais assez faire l'éloge.

« Au milieu des plus rudes épreuves, la Société a grandi ; son influence s'est élevée à ce point qu'elle a pu faire révoquer le Délégué dont elle avait à se plaindre. Qui aurait pu prévoir un pareil événement le 14 avril ?

« Le *Journal officiel* de ce matin nomme M. Landeau

(un de nos comptables) administrateur des ambulances internationales, en remplacement du docteur Rousselle. Les ambulances internationales existent donc encore, malgré la dissolution décrétée par M. Cluseret. M. Landeau m'écrit qu'il considère sa mission comme étant toute de contrôle. Les mots de *Commune,* de *République* s'effacent de nos voitures ; le titre de la Société y reparaît avec la croix rouge.

« L'administration de M. Landeau n'est qu'une affaire de forme ; car M. le docteur Semmerie, nommé directeur général des ambulances civiles et militaires, me fait dire officiellement par M. Verdière que la Société est complétement libre. Le succès couronne ainsi tous mes efforts. La fiévreuse anxiété de chaque heure, de chaque minute se transforme, monsieur le président, en la douce espérance que vous éprouvez, à la nouvelle de ce résultat, le même bonheur que votre respectueux et dévoué serviteur.

Cte DE BEAUFORT. »

Samedi 6 mai.

Je reçois la visite de M. Dunant. D'après lui, le fonctionnement de la Société à Paris est d'une assez grande importance pour intéresser l'honneur de toutes les Sociétés de secours d'Europe.

Je fais rayer le Délégué de la liste des employés, et j'arrête ses appointements au 5 mai.

Dimanche 7 mai.

MM. S..., B... et St... viennent m'entretenir de la situation et m'offrir les moyens de quitter Paris. Je renouvelle le refus que j'ai fait au major R... le 18 avril, à M⁰ H... le 20, à M. F... le 25, à M⁰ C... le 29, à M. L... le 1ᵉʳ mai, à M. le docteur A... le 5 mai.

Lundi 8 mai.

Je charge M. Muller d'étudier la question du dépouillement des pièces comptables ou des registres, pour faire le relevé, par catégories, de toutes les opérations de la Société, pour dresser, en un mot, des états de liquidation.

Je confie à M. Voizel la direction du mouvement des voitures d'ambulance au palais de l'Industrie. Il continue à servir à titre gratuit. Je lui adjoins M. Fanti.

M. Mougin sera secrétaire de ce service, et prêtera son concours à M. Landeau. Il est entendu que M. Voizel n'a d'ordres à recevoir que de M. le docteur Chenu, à qui M. Landeau transmettra les indications du Délégué à la guerre. M. Voizel, à qui ces indications seront directement transmises dans les cas urgents, délivrera des cartes au moyen desquelles les voitures commandées sortiront du Palais de l'Industrie. Il me fera connaître, chaque jour, le nombre des voitures expédiées et celui des blessés transportés la veille ainsi que le lieu de leur destination.

Le Comité central aurait manifesté l'intention de rendre à la

Société une complète liberté d'action. Il exigerait seulement que le docteur Chenu lui apportât une sorte de profession de foi, témoignant de la neutralité politique de la Société.

Je rédige la déclaration suivante :

« La Société de secours aux blessés est une œuvre de bien-
« faisance qui a pour règle : *l'honneur et la charité.*

« Mandataire de tous les gouvernements, de tous les peuples
« du monde civilisé, elle distribue les dons de la charité univer-
« selle aux blessés, quelles que soient leurs croyances religieuses
« et sociales, leur nationalité. La politique est ainsi rigoureuse-
« ment et fatalement exclue de son programme. Du reste, il est
« inutile de prouver par des paroles ce qu'attestent les faits : le
« 14 avril, déclarée en état de suspicion, livrée à la calomnie, elle
« a continué à fonctionner comme si son existence n'était pas en
« péril, comme si elle n'était entourée que d'amis. Le personnel
« administratif et le personnel médical sont restés à leur poste,
« considérant que plus le danger est grand, plus le devoir est
« impérieux. Si on leur demandait compte de leurs actions, ils
« diraient : « Interrogez ceux qui nous voient à l'œuvre jour et
« nuit, ceux qui doivent seuls être nos juges, les blessés. »

Mardi 9 mai.

M. le docteur Chenu compte établir une salle d'officiers. Je conviens avec lui qu'elle aura pour dame infirmière Mme la vicomtesse de Sédaiges.

Mercredi 10 mai.

Je reçois la visite du docteur Hottot. Il a été informé par le citoyen Bergeret, gouverneur du Corps législatif, que certaines personnes employées à l'ambulance du Palais avaient des rapports avec Versailles, que des lettres avaient été trouvées sur elles, et que la Commune exigeait leur renvoi. Le gouverneur désirait s'entendre à ce sujet avec le docteur Hottot pour protéger, autant que possible, les intérêts de l'ambulance. Le docteur croit devoir déférer à un désir exprimé du reste en termes convenables. C'est un parti d'autant plus sage que les personnes soupçonnées n'ont été admises à l'ambulance que pour sauvegarder le personnel du Palais et qu'elles ne rendent aucun service réel.

Jeudi 11 mai.

M. Voizel me fournit un premier état du mouvement des voitures, en date du 9.

M. Muller me donne un rapport d'ensemble sur l'établissement d'un compte rendu, relatif à la liquidation future de la Société.

Vendredi 12 mai.

M. Voizel m'adresse des états quotidiens sur le mouvement des ambulances, et je vois, par ces documents, que son service est digne de tout éloge.

J'apprends que le délégué n'accepte pas toujours mon autorité sans murmure, et qu'il aurait accusé le *système Beaufort de diviser le service*.

En fait, ce *système* établit une distinction très-marquée entre le service du représentant de la Commune, et celui de M. Voizel, représentant de la Société; il réduit le rôle du délégué à la transmission des ordres la Commune, et ne lui laisse d'autre personnage que celui d'agent intermédiaire ; il met en pratique toutes les conséquences des déclarations du docteur Semmerie, il sauvegarde dans sa plénitude la dignité de la Société, en refoulant jusqu'à la dernière limite toute action qui n'est pas la sienne propre.

Samedi 13 mai.

Les états détaillés heure par heure prouvent la présence assidue de M. Voizel et de M. Fanti au palais de l'Industrie. Des dépêches de la guerre, ouvertes par eux, accusent une situation grave qui pourrait faire peser sur la Société la responsabilité d'une faute due à la négligence du délégué. Je lui fais à cet égard quelques observations, lui rappelant que sa tâche l'oblige à demeurer jour et nuit au palais de l'Industrie, à moins qu'il n'y maintienne son secrétaire à demeure.

La Commune adhère officiellement à la convention de Genève.

Dimanche 14 mai.

Je charge M. Verdière de dire au directeur général des ambulances, que la reconnaissance de la Convention de Genève par la Commune me donne le droit d'envoyer à Saint-Denis du linge et du matériel, si toutefois la Commune est d'accord avec elle-même et admet les conséquences des principes qu'elle adopte.

Lundi 15 mai.

Je fais défalquer du traitement de certains employés une somme équivalente au prix des repas qu'ils prennent à l'ambulance ; j'établis ainsi une similitude dans les conditions de tous les services.

Mardi 16 mai.

La Commune reconnaissant, dans le sens que j'ai indiqué, les devoirs que lui impose son adhésion à la Convention de Genève, je me propose d'expédier un convoi chargé de notre matériel à M. Salle, président du Comité sectionnaire de Saint-Denis. M. A.... est préposé par la Commune à la surveillance de ce transport.

Mercredi 17 mai.

M. Landeau avait obtenu le mandat nécessaire pour remettre la Société en possession d'une voiture et d'un cheval prêtés par le docteur Rousselle à Mme B.... et retenus par elle. L'incident traînant en longueur, M. Verdière chargea quatre brancardiers

de faire exécuter l'ordre de la Commune. — Résistance de la dame
B.... Un employé de M. Verdière envoya chercher le commis-
saire de police ; des gardes nationaux cernèrent la maison, et la
Société, grâce à cette démonstration, reprit son cheval et sa voiture.

Albert Loh, brancardier très-estimé, est mort d'un mal con-
tracté dans l'exercice de ses fonctions ; je donne à sa famille
95 francs pour les frais d'inhumation et un secours de 300 francs.

Après l'explosion de la cartoucherie du Champ-de-Mars, je me
rends sur le lieu du sinistre avec une voiture d'ambulance.

Jeudi 18 mai.

Je fais rentrer à l'hôtel de la rue de Courcelles les services que
j'avais établis au Palais de l'Industrie, lorsque les obus tombaient
près du siége de la Société.

Vendredi 19 mai.

Je donne une indemnité de 50 francs au brancardier Carue,
blessé dans l'exercice de ses fonctions.

Reçu 130,000 francs en deux fois pour le compte de la Société.
Cette somme, ajoutée au crédit de 50,000 francs, donne
180,000 francs pour le total, largement suffisant, alloué à ma gestion.

Samedi 20 mai.

J'abandonne le projet d'envoyer officiellement du matériel

hors de Paris : la Commune exige que l'expédition soit faite par un délégué sur un point déterminé, et qu'elle ait pour objet précis le rapatriement des blessés.

Je reçois communication d'un rapport que M. Landeau adresse à la commission militaire sur la Société de secours.

Dimanche 21 mai.

Je reçois la visite de M. Richard Wallace. Il approuve hautement la conduite tenue dans ces circonstances critiques par la Société de secours à Paris.

Du lundi 22 mai au samedi 27.

Lundi, j'essaye en vain de gagner la rue de Courcelles et l'ambulance. Je ne puis franchir les lignes de barricades, et ne rentre chez moi que le lendemain matin, après avoir essuyé quatre coups de feu rue du Four.

Le mardi, je tente sans succès d'atteindre l'esplanade des Invalides. Vers la fin du jour, l'incendie envahit mon quartier. Je pars muni de quelques documents précieux ; croyant les mettre en lieu sûr, je me rends chez des amis, rue de Birague.

Là, je passe la nuit. Le lendemain, la rue est cernée de toutes parts : on vient d'attaquer les barricades de la Bastille. Le mercredi, le jeudi, la lutte continue sans relâche. Elle ne cesse que dans la matinée du vendredi. Je sors enfin. J'aperçois une voiture d'ambulance, et je ramène cinq blessés à l'ambulance du Cours-la-Reine.

Dimanche 28 mai.

Je me rends chez M. l'Intendant général Uhrich, qui me donne les meilleures assurances de ses bonnes dispositions pour la Société, et promet de faire transporter à l'hôpital du Gros-Caillou les insurgés soignés dans notre ambulance.

Je propose à M. l'Intendant général le concours de notre Société pour opérer le transport des blessés. Il accepte cette offre, en rendant témoignage des services rendus par nous dans cette partie du service hospitalier; il ajoute que pour réglementer les demandes qui nous seront faites, il préviendra tous les intendants d'avoir à s'adresser à nous.

Lundi 29 mai.

Je notifie à M. l'aumônier de l'ambulance du Cours-la-Reine que les restrictions apportées par la Commune à son ministère n'existent plus. Je rédige à ce sujet une note que le docteur Chenu signe ainsi que moi.

Mardi 30 mai.

Entrevue avec M. Basset de Bellaval, qui, grâce au concours de la Société, a établi une ambulance au Palais de l'Élysée, où ont été recueillies six victimes de l'explosion de la cartoucherie de l'avenue Rapp.

Mercredi 31 mai.

M. le président rentre à Paris. Je remets entre ses mains les pouvoirs que le Conseil m'a conférés dans la séance du 14 avril.

Le Secrétaire général,

Cte DE BEAUFORT.

www.ingramcontent.com/pod-product-compliance
Ingram Content Group UK Ltd.
Pitfield, Milton Keynes, MK11 3LW, UK
UKHW020125080726
13614UKWH00005B/2044